Sans limites

La planche à roulettes extrême

John Crossingham et Bobbie Kalman

Traduction : Marie-Josée Brière

La planche à roulette extrême est la traduction de *Extreme Skateboarding* de John Crossingham et Bobbie Kalman (ISBN 0-7787-1714-3)
© 2004, Crabtree Publishing Company, 612 Welland Ave., St. Catherines, Ontario, Canada L2M 5V6

Catalogage avant publication de Bibliothèque et Archives Canada

Crossingham, John, 1974-

      La planche à roulettes extrême

      (Sans limites)
      Traduction de : Extreme skateboarding.
      Pour les jeunes de 8 à 12 ans.

      ISBN 978-2-89579-123-2

1. Planche à roulettes (Sport) – Ouvrages pour la jeunesse.   I. Kalman, Bobbie, 1947- .
II. Titre.   III. Collection : Sans limites (Montréal, Québec).

GV859.8.C75514 2007   j796.22   C2006-941975-2

Recherche de photos : Kelly MacAulay, Laura Hysert

Remerciements particuliers à : Mike Armstrong, Ryan Brown, Mike Carr, Phil Shore et Shred Central Skatepark

Photos : AP/Wide World Photos : pages 6, 8 ; Marc Crabtree : pages 10, 11 (en bas), 18, 19, 20 (en haut), 21, 29 ; Stan Liu : pages 1, 3, 31 ;
Painet Stock Photos : Stew Milne : pages 4, 22 ; Shazamm : pages 23, 27 ; Scott Starr : pages 7, 24, 25, 26

Autres images : Corbis Images et PhotoDisc

Illustrations : Robert MacGregor : pages 12-13 ; Margaret Amy Reiach : pages 14-15 ; Bonna Rouse : page 28

Nous reconnaissons l'aide financière du gouvernement du Canada par l'entremise du Programme
d'aide au développement de l'industrie de l'édition (PADIÉ) pour nos activités d'édition.

 Conseil des Arts **Canada Council**
du Canada **for the Arts**

Bayard Canada Livres inc. remercie le Conseil des Arts
du Canada du soutien accordé à son programme
d'édition dans le cadre du Programme
des subventions globales aux éditeurs.

Cet ouvrage a été publié avec le soutien de la SODEC.
Gouvernement du Québec – Programme de crédit d'impôt
pour l'édition de livres – Gestion SODEC.

Dépôt légal – 1er trimestre 2007
Bibliothèque nationale du Québec
Bibliothèque nationale du Canada

Direction : Andrée-Anne Gratton
Graphisme : Mardigrafe
Révision : Marie Théorêt

© Bayard Canada Livres inc., 2007
4475, rue Frontenac
Montréal (Québec)
Canada H2H 2S2
Téléphone : (514) 844-2111 ou 1 866 844-2111
Télécopieur : (514) 278-3030
Courriel : edition@bayard-inc.com

Imprimé au Canada

www.sanslimites.info

Sur le site Internet :

Fiches d'activités pédagogiques
en lien avec tous les albums
des collections Petit monde vivant
et Le raton laveur

Catalogue complet

TABLE DES MATIÈRES

LA PLANCHE À ROULETTES EXTRÊME	4
LES ORIGINES	6
LES VAGUES SUIVANTES	8
LES STYLES	10
LES PARTIES DE LA PLANCHE	12
LES PLANCHODROMES	14
LES BASES	16
LES GLISSES ET LES *GRINDS*	18
LES PRISES ET LES VRILLES	20
LES COMPÉTITIONS	22
LES LÉGENDES DE LA PLANCHE	24
LA NOUVELLE GÉNÉRATION	26
LA SÉCURITÉ AVANT TOUT	28
ÇA TE TENTE ?	30
GLOSSAIRE ET INDEX	32

LA PLANCHE À ROULETTES EXTRÊME

La planche à roulettes, souvent appelée « *skate* », est un des sports individuels les plus populaires dans le monde. Comme dans tous les sports individuels, les athlètes s'exécutent seuls. Ils cherchent à réussir des figures de plus en plus difficiles et mettent les autres au défi d'en faire autant. Pour être un bon planchiste, il faut beaucoup d'équilibre, de force, de synchronisme, de coordination… et surtout, d'audace !

À L'EXTRÊME

Pour bien des gens, la planche à roulettes est simplement une activité amusante, qu'ils pratiquent après l'école ou dans leurs temps libres. Mais pour ceux qui s'y adonnent plus sérieusement, cela devient un sport extrême. Les adeptes des sports extrêmes cherchent constamment à se dépasser. Certains sont des professionnels, ou « pros », qui gagnent leur vie de cette façon. Leur travail consiste à devenir aussi bons que possible, et à repousser chaque jour les limites de leur sport. C'est la recherche et l'exécution de figures difficiles et dangereuses qui fait de la planche à roulettes un sport extrême.

UNE CULTURE PARTICULIÈRE

Les amateurs de planche à roulettes possèdent une culture bien à eux. Une culture, c'est un ensemble de valeurs que partagent un groupe de personnes. C'est ainsi que les planchistes ont leur propre musique, leur propre jargon et leurs propres styles vestimentaires. Ils donnent aux figures des noms étranges, qu'ils sont souvent les seuls à comprendre. Certains types de musique, par exemple le hip-hop et la musique punk, rejoignent le style acrobatique des planchistes extrêmes. De nombreux pros ont lancé des entreprises pour pouvoir fabriquer des planches et des vêtements qui plaisent aux planchistes et répondent à leurs besoins.

AUX VOLEURS !

La planche à roulettes a inspiré beaucoup d'autres sports extrêmes, par exemple les versions acrobatiques du patin à roues alignées, de la planche nautique, du surf des neiges et de la bicyclette BMX, dont les figures ressemblent beaucoup à celles de la planche à roulettes. Elles ont parfois même des noms identiques. Certains planchistes font d'ailleurs des tournées avec des pros du patin à roues alignées ou du BMX pour épater les foules par leurs acrobaties.

PRUDENCE EXTRÊME !

Il peut être tentant d'essayer certaines des figures présentées dans ce livre, mais elles ne sont là que pour être admirées – pas pour être copiées ! Les athlètes qu'on voit ici se sont exercés pendant des années pour maîtriser leur sport. Ils sont assez entraînés pour réussir des figures beaucoup trop dangereuses pour les autres planchistes.

LES ORIGINES

Les premières planches à roulettes datent du début du XXᵉ siècle. Elles étaient fabriquées de façon artisanale à partir de patins à roulettes et de trottinettes, très populaires à l'époque. Les trottinettes étaient constituées d'une planche plate posée sur quatre roues, et à l'avant de laquelle était fixée une poignée. Des jeunes ont décidé que ces jouets seraient plus amusants sans poignée. D'autres ont eu l'idée d'enlever les roues de leurs patins à roulettes et de les fixer à des planches de bois. Ces inventions étaient effectivement les premières planches à roulettes, mais elles n'en portaient pas encore le nom.

LA MODE DU SURF

Le surf a connu une immense popularité en Californie au milieu des années 1950. Grâce au cinéma et à la chanson, la vague du surf a vite déferlé sur tous les États-Unis. C'était un sport amusant, mais la plupart des jeunes vivaient loin de l'océan. En 1959, des fabricants de jouets ont donc commencé à fabriquer des « planches de trottoir » dont tous pouvaient se servir, peu importe où ils vivaient. Ces modèles ont été les premières planches à roulettes produites en usine.

Les premières planches à roulettes ne tournaient pas facilement… ou même pas du tout ! Les planchistes cherchaient uniquement à descendre des pentes sans tomber de leur planche.

AU FIL DU TEMPS

Années 1950 : La mode du surf balaie la Californie.

Début du XXᵉ siècle : Les patins à roulettes et les trottinettes sont très populaires ; les premières « planches à roulettes » sont inventées.

1959 : Des fabricants de jouets produisent les premières planches à roulettes vendues commercialement.

Des jouets dangereux

Les premières planches avaient des roues de métal ou d'argile, qui s'arrêtaient brusquement au contact des cailloux ou des fissures dans l'asphalte. En plus, les amateurs de planche ne portaient pas de casque, de protecteurs ou d'autres pièces d'équipement de sécurité. Ils se blessaient donc très souvent, ce qui inquiétait beaucoup les parents. En 1965, de nombreuses villes avaient déjà adopté des lois interdisant la planche à roulettes dans les rues ou sur les terrains publics. Les magasins ont cessé de commander des planches, et les fabricants ont arrêté d'en produire. À la fin des années 1960, la planche à roulettes semblait bien être chose du passé !

Les irréductibles

Malgré la baisse de popularité de la planche à roulettes au milieu des années 1960, les vrais irréductibles n'ont pas abandonné. Comme ils pouvaient difficilement s'acheter des planches, ils s'en fabriquaient avec des bouts de bois et des roues de patins à roulettes. Ils s'exerçaient dans leur cour, dans des piscines vides ou dans les rues… partout où ils le pouvaient. La culture de la planche à roulettes était désormais marginale.

1965 : Les villes commencent à interdire les planches.

1966 : La popularité de la planche baisse à cause des interdictions et de la mauvaise qualité de l'équipement.

1963 : La Makaha Skateboards est fondée ; ce sera l'une des meilleures entreprises de fabrication de planches à roulettes des années 1960 et 1970.

1969 : Larry Stevenson, propriétaire de la Makaha, invente le **kicktail** (va voir à la page 13).

Début des années 1960 : La planche à roulettes devient populaire partout aux États-Unis.

À cause de leurs roues de métal, comme celles-ci, les premières planches à roulettes étaient dangereuses parce qu'elles n'adhéraient pas bien à l'asphalte.

LES VAGUES SUIVANTES

En 1970, Frank Nasworthy a changé la planche à roulettes pour toujours en fabriquant des roues en **uréthane**, qui glissaient sur les obstacles et ne dérapaient pas comme les roues de métal. Des **essieux** spécialement conçus pour les planches à roulettes ont aussi été inventés à cette époque. Ces innovations ont rendu les planches plus sûres, plus rapides, plus agréables et plus faciles à manœuvrer. La planche à roulettes commençait à renaître.

DE MIEUX EN MIEUX !

La période de 1973 à 1980 est connue sous le nom de « deuxième vague » de la planche à roulettes. Des **planchodromes** ont été aménagés spécialement pour la pratique de ce sport. Les nouvelles planches permettaient aux planchistes de se montrer plus audacieux que jamais. Les plus innovateurs étaient les Z-boys, qui vivaient dans un quartier de Santa Monica, en Californie, appelé Dogtown (va voir à la page 24). Tout le monde copiait leur style acrobatique, et c'est ainsi qu'est née la planche à roulettes extrême.

Au début, les figures se faisaient souvent en équilibre sur la planche. Le poirier sur les mains était populaire au début des années 1970.

JAMAIS DEUX SANS TROIS

La planche à roulettes a connu une nouvelle explosion de popularité au cours de la « troisième vague », de 1983 à 1991. En inventant de nouvelles figures et en perfectionnant les anciennes, les pros en ont augmenté le niveau de difficulté. C'est aussi à ce moment-là que ce sport est entré dans la **culture populaire**. Les planchistes ont fait leur apparition dans des vidéos rock, des publicités, des magazines et des émissions de télé, et la planche à roulettes a ainsi atteint un public plus vaste que jamais.

POUR DE BON

La popularité de la planche à roulettes a décliné momentanément au début des années 1990, mais la « quatrième vague » a commencé peu après, et la planche continue sur sa lancée depuis lors. Avec le patin à roues alignées et la bicyclette BMX, la planche à roulettes a contribué à l'explosion de popularité des sports extrêmes dans le monde entier. Il y a maintenant plus de pros, plus de compétitions et plus de planchodromes que jamais.

AU FIL DU TEMPS

1981 : *Le magazine* Thrasher *publie son premier numéro.*

1983 : *La troisième vague commence.*

1980 : *La deuxième vague prend fin à cause des inquiétudes concernant la sécurité et de la baisse des ventes qui en résulte ; des mordus forment la « Bones Brigade »* (va voir à la page 24).

1970 : *Les roues en uréthane sont inventées.*

1984 : *La planche sur rampe devient extrêmement populaire* (va voir à la page 10).

1972 : *Les roues Cadillac sont les premières roues en uréthane vendues dans le commerce.*

Milieu des années 1980 : *Les vidéos de planche et le style vestimentaire des planchistes sont à la mode chez les jeunes.*

1976 : *Les premiers planchodromes ouvrent leurs portes en Floride et en Californie.*

1973 : *La deuxième vague commence.*

De 1993 à maintenant : *La quatrième génération de planchistes donne naissance aux* **Jeux X,** *à des jeux vidéo, etc.*

Fin des années 1980 : *La planche de rue détrône la planche sur rampe* (va voir à la page 11).

1975 : *Les « Z-boys » forment une équipe professionnelle.*

1974 : *Un nouveau type d'essieu fabriqué par la Tracker Trucks facilite les virages.*

1991 : *La troisième vague se termine parce que les ventes sont insatisfaisantes.*

LES STYLES

Depuis quarante ans, la pratique de la planche à roulettes a beaucoup évolué. Des planchistes vivant dans différentes régions ont développé leurs propres **styles**. Avec le temps, deux grands styles se sont imposés : la planche sur rampe, ou « rampe » (appelée aussi « *vert* », pour « verticale »), et la planche de rue, ou « *street* ». Ces deux styles se ressemblent plus qu'on pourrait le croire puisqu'ils reposent en bonne partie sur des figures similaires. Ce qui les distingue, ce sont les obstacles utilisés.

LA RAMPE

La planche sur rampe consiste avant tout à s'élever dans les airs. Ce style a pris naissance dans les années 1970, quand des planchistes se sont rendu compte qu'ils pouvaient prendre beaucoup de vitesse en glissant sur les parois inclinées des piscines vides. Bientôt, ils ont réussi à s'envoler au-dessus du rebord des piscines et ont mis au point de nouvelles manœuvres dans les airs. C'est ce qu'on appelle des « figures aériennes ». Aujourd'hui, les adeptes de la rampe pratiquent leur sport dans des piscines, des **tubes** ou des **bols,** où ils peuvent prendre assez de vitesse pour quitter le sol.

LE STREET

Le *street* se pratique dans la rue. C'est là qu'est née la planche à roulettes, et c'est encore un aspect important de ce sport. Les adeptes de ce style exécutent une foule de figures sur des obstacles courants, par exemple des bancs, des rails, des bordures de trottoirs, des escaliers ou n'importe quelle autre structure solide qu'on trouve dans la rue.

LE STYLE LIBRE

En style libre, ou « *flatland* », les planchistes ne se servent pas d'obstacles ou de rampes. Ils font plutôt des **vrilles** (*flips*) et des manœuvres en équilibre sur des surfaces planes. Le style libre a atteint des sommets de popularité au milieu des années 1970, quand les planchistes commençaient à définir leur sport et à repousser les limites de leurs nouvelles planches. Comme ils n'utilisent pas d'obstacles, les adeptes de ce style doivent se montrer très créatifs. Leur nombre a diminué dans les années 1980 et 1990, mais les planchistes de *street* leur ont emprunté beaucoup de figures, comme le *manual* qu'on voit à gauche, et les ont transposées pour les obstacles dont ils se servent. Aujourd'hui, le style libre est généralement intégré au *street*.

arbre

Les essieux pivotent (ou tournent) autour de l'arbre. Pour effectuer un virage, il suffit de mettre son poids d'un côté ou de l'autre de la planche.

LES PARTIES DE

La planche à roulettes se compose de trois parties principales : le *deck*, les essieux et les roues. Chacun de ces éléments contribue à la rapidité, au poids et à la **maniabilité** de la planche. Dans le passé, les planches étaient conçues soit pour le *street*, soit pour la rampe. Aujourd'hui, la plupart peuvent servir pour tous les styles.

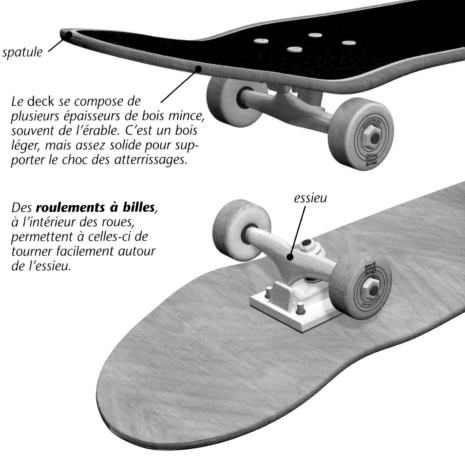

spatule

Le deck *se compose de plusieurs épaisseurs de bois mince, souvent de l'érable. C'est un bois léger, mais assez solide pour supporter le choc des atterrissages.*

*Des **roulements à billes**, à l'intérieur des roues, permettent à celles-ci de tourner facilement autour de l'essieu.*

essieu

L'ornementation des planches est une composante importante de la culture des planchistes. Ceux-ci peuvent décorer leurs planches eux-mêmes ou les acheter déjà décorées de motifs accrocheurs.

LA PLANCHE

Le dessus de la planche est recouvert d'une surface antidérapante noire, rugueuse comme du papier de verre.

kicktail

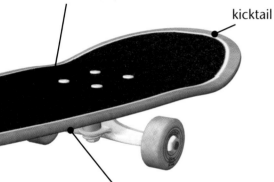

Les côtés de la planche portent le nom de « tranches ».

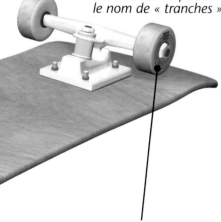

Les roues sont encore faites en uréthane parce que c'est un matériau durable qui adhère bien aux surfaces. Depuis les années 1990, elles sont plus petites, ce qui est préférable pour le street et les manœuvres courantes.

PLANCHES EN TOUS GENRES

Les premières planches étaient courtes et étroites. À mesure que le sport s'est développé et que les styles ont évolué, tout au long des années 1970 et 1980, les modèles se sont faits de plus en plus inventifs. Les planches d'aujourd'hui tirent leur origine des modèles de *street* des années 1990.

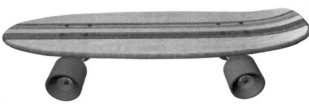

Dans les années 1970, on trouvait des planches faites de matériaux très divers, dont le plastique, le bois et la fibre de verre. Le kicktail s'est répandu et a permis toute une série de nouvelles manœuvres.

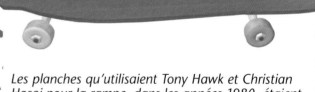

Les planches qu'utilisaient Tony Hawk et Christian Hosoi pour la rampe, dans les années 1980, étaient larges et avaient souvent une vague forme de poisson, comme on le voit ci-dessus.

Les planches des maîtres de style libre des années 1980, comme Rodney Mullen et Per Welinder, étaient beaucoup plus étroites que les planches de rampe. Elles avaient les tranches droites, et la spatule et le talon recourbés. Dans les années 1990, toutes les planches se sont rapprochées des modèles de style libre ; on les voulait plus légères et plus faciles à retourner.

LES PLANCHODROMES

Le principal problème, quand on fait de la planche dans la rue, c'est qu'on se retrouve souvent au beau milieu des piétons et des voitures – sans compter que c'est illégal à bien des endroits ! Les planchodromes permettent aux planchistes de s'évader du quotidien et de s'exercer en toute sécurité. Ils offrent des défis en abondance, et la seule circulation y est celle des autres planchistes. Les planchodromes d'aujourd'hui comprennent de nombreux obstacles pour le *street* et la rampe, par exemple des rails, des *fun boxes*, des mini-rampes, des tubes et des bols.

DANS LA LUNE

Les tubes sont les plus gros obstacles aménagés dans les planchodromes. Ce sont des rampes aux parois incurvées dont le creux porte le nom de « zone de transition ». Les demi-lunes comportent deux de ces parois l'une en face de l'autre, tandis que les quarts de lune n'en ont qu'une. Les planchistes roulent sur ces parois pour prendre de la vitesse et de la hauteur. Le sommet de ces rampes s'appelle l'« **arête** », ou « *coping* ». Les tubes sont faits de contreplaqué très solide, spécialement traité.

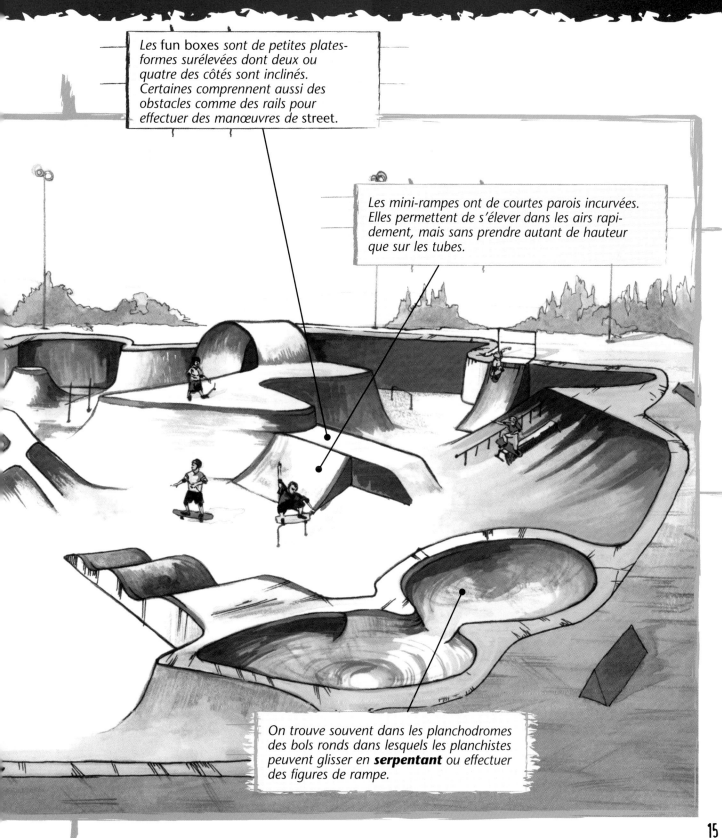

Les fun boxes *sont de petites plates-formes surélevées dont deux ou quatre des côtés sont inclinés. Certaines comprennent aussi des obstacles comme des rails pour effectuer des manœuvres de* street.

Les mini-rampes ont de courtes parois incurvées. Elles permettent de s'élever dans les airs rapidement, mais sans prendre autant de hauteur que sur les tubes.

On trouve souvent dans les planchodromes des bols ronds dans lesquels les planchistes peuvent glisser en **serpentant** *ou effectuer des figures de rampe.*

LES BASES

Les planchistes professionnels font parfois penser à des magiciens. Ils connaissent des centaines de trucs et en inventent constamment de nouveaux. Les noms bizarres de leurs figures, comme « *benihana* » et « *lien-to-tail* », ajoutent au mystère pour les non-initiés. Mais, comme tous les magiciens, ils ont leur secret : c'est l'*ollie*. Avec quelques autres manœuvres de base, l'*ollie* est un mouvement essentiel de la planche à roulettes.

PLUS BESOIN DE RAMPE

L'*ollie* tire son nom du surnom de son créateur, Alan Gelfand. Cet athlète s'est rendu compte qu'en donnant un petit coup sur le talon de la planche avant de sauter, il pouvait garder les pieds collés à sa planche en s'élevant dans les airs. Cette façon de faire a changé complètement la pratique de la planche, puisque les planchistes n'avaient désormais plus besoin de rampe pour quitter le sol. Aujourd'hui, l'*ollie* demeure la manœuvre la plus importante en planche à roulettes. C'est le point de départ de presque toutes les autres figures qu'exécutent les planchistes.

Les planchistes cherchent toujours des obstacles de plus en plus hauts pour exécuter des ollies. Les pylônes et les bornes-fontaines sont des obstacles populaires pour le street. *Même en rampe, les planchistes font un* ollie *sur l'arête pour prendre plus de hauteur.*

ÇA TOURNE !

Les rotations sont des figures aériennes qui mettent à l'épreuve le sens de l'orientation et l'équilibre des planchistes. Dans les airs, les planchistes tournent sur eux-mêmes et font tourner leur planche avant d'atterrir. Les noms des différentes rotations viennent du nombre de tours effectués avant de toucher le sol. Un tour complet s'appelle un « 360 », parce que le planchiste tourne sur 360 degrés, tandis que le demi-tour est un « 180 ».

EN QUELQUES MOTS

Les planchistes utilisent un jargon particulier – le plus souvent en anglais – pour décrire la position de leur corps. Voici quelques-unes de leurs expressions anglaises les plus courantes :

regular : *position du corps lorsque le pied droit est sur le talon de la planche et le pied gauche sur la spatule*

goofy : *position opposée de la* regular *– le pied gauche sur le talon de la planche et le pied droit sur la spatule (c'est la position normale pour la plupart des gauchers)*

frontside : *le côté de la planche auquel le planchiste fait face normalement*

backside : *le côté de la planche auquel le planchiste fait dos normalement*

fakie : *en marche arrière, en position normale*

switch *ou* **switchstance** : *dans la position opposée à la position naturelle du planchiste (par exemple, en* goofy *pour un planchiste dont la position normale est la* regular*)*

nollie : ollie *exécuté en s'appuyant sur la spatule plutôt que sur le talon (c'est une contraction de « nose ollie », ce qui veut dire « ollie sur la spatule »)*

manual : *en équilibre sur les roues arrière pendant que le planchiste est en mouvement ; quand il est en équilibre sur les roues avant, on dit qu'il fait un « nose manual »*

Bien des pros sont capables d'effectuer un « 540 », c'est-à-dire un tour et demi dans les airs. Certains réussissent même à faire deux tours complets, ce qu'on appelle un « 720 ».

LES GLISSES ET LES *GRINDS*

Une fois que le planchiste sait faire un *ollie*, il peut sauter sur des obstacles et exécuter des *grinds* ou des glisses. Ces figures exigent beaucoup d'équilibre pour éviter les chutes. Ce sont des manœuvres très importantes en *street*. Elles s'effectuent sur différents obstacles, par exemple des rails ou des bancs. Les adeptes de la rampe en font aussi, mais sur l'arête des rampes.

Un grind *sur les deux essieux en même temps s'appelle un « 50-50 ».*

LES *GRINDS*

Pour effectuer un *grind*, le planchiste fait glisser les essieux de sa planche sur un obstacle. Cette manœuvre tire son nom du bruit que font les essieux de métal en raclant la surface de l'obstacle. Elle nécessite beaucoup d'équilibre et de vitesse, sans quoi le planchiste risque de tomber en bas de l'obstacle.

Un crooked grind *est une glissade inclinée, à la fois sur l'essieu avant et la spatule.*

LES GLISSES

Les glisses ressemblent aux *grinds,* sauf que le planchiste glisse sur le *deck* lui-même plutôt que sur les essieux. Elles portent généralement le nom de la partie de la planche qui touche à l'obstacle, par exemple toute la planche *(boardslide),* le talon *(tailslide)* ou la spatule *(noseslide).*

SUR L'ARÊTE

Pour les adeptes de la rampe, les *grinds* et les glisses s'appellent aussi « figures d'arête », ou « *lip tricks* », parce qu'elles se font sur l'arête de la rampe. Les *stalls* sont aussi des figures d'arête. Elles consistent à immobiliser la planche brièvement sur l'arête en se tenant en équilibre sur le talon de la planche ou sur un essieu. Le **rock'n'roll** et le **disaster** sont des types de *stalls.* Le *handplant* (ci-dessus) est une autre figure sur l'arête ; effectué avec une seule main, il exige énormément d'équilibre !

La glisse sur la planche porte aussi le nom de « railslide ».

LES PRISES ET LES VRILLES

Les prises exigent beaucoup de souplesse et de rapidité.

Les prises et les vrilles exigent encore plus d'habileté. Ces manœuvres, qui nécessitent une excellente coordination des yeux, des mains et des pieds, sont utilisées autant en rampe qu'en *street*. En les combinant à des *grinds*, à des glisses et à des rotations, les planchistes peuvent rendre leurs figures encore plus difficiles, et encore plus impressionnantes.

LES VRILLES

Ces figures rapides consistent à retourner la planche à l'envers. Elles nécessitent beaucoup d'entraînement parce que les pieds du planchiste quittent complètement la planche. Il doit donc la repérer avec précision avant d'atterrir ! Ces figures sont plus courantes en *street* qu'en rampe parce qu'elles s'enchaînent particulièrement bien après un *ollie* ou un *grind* sur un rail.

Pour exécuter un kickflip, *le planchiste pousse sur la tranche avec la pointe des pieds, ce qui retourne complètement sa planche.*

LES PRISES

Les prises ressemblent à des figures de ballet aérien. Le planchiste se penche et se tourne pour attraper sa planche tout en s'élevant dans les airs. Certaines prises simples, comme la prise de la spatule *(nosegrab)* ou du talon *(tailgrab),* sont nommées d'après la partie que tient le planchiste. Ce sont des figures très utilisées en rampe. Les adeptes de ce style ont en effet plus de temps pour les exécuter que les planchistes de *street* parce qu'ils prennent beaucoup plus de hauteur en quittant les rampes.

Le melon *est une prise qui consiste à saisir la tranche arrière avec la main arrière.*

COMBINAISONS MULTIPLES

Les planchistes peuvent aussi combiner différentes figures pour en augmenter le niveau de difficulté. Ils peuvent par exemple exécuter en même temps un 180 et un *melon.* Les combinaisons peuvent aussi se composer d'une suite de figures, par exemple d'un 50-50 sur rail suivi d'un *kickflip* à la descente du rail.

21

LES COMPÉTITIONS

Dans le monde entier, les planchistes participent à des compétitions de rampe et de *street* qui leur permettent de démontrer leurs capacités et leur amour du sport. Elles leur donnent aussi l'occasion de se produire devant un public et de rivaliser d'imagination. L'originalité des figures impressionne les juges et peut valoir aux planchistes de très bons points.

DEUX PAR DEUX

Dans la plupart des compétitions, chaque planchiste effectue deux passages appelés « *runs* », c'est-à-dire deux séries de figures et de combinaisons. Chaque passage dure normalement de trente secondes à une minute, et c'est le meilleur des deux qui compte. Les planchistes font généralement leurs passages seuls, mais dans certaines compétitions, comme la rampe en double, ils compétitionnent deux par deux.

C'EST NOTÉ !

Les juges notent chaque passage sur 100, selon qu'ils sont plus ou moins impressionnés par la performance.

Quand un planchiste décolle d'une rampe et atterrit sur une autre, il fait ce qu'on appelle un « transfert ».

Ils tiennent compte de facteurs comme l'originalité, le degré de difficulté, la fluidité des figures et l'exécution de combinaisons.

SUR LA ROUTE

Les meilleurs planchistes au monde par-
courent la planète dans le circuit profes-
sionnel. Ce circuit se compose d'une
série de compétitions de planche qui se
tiennent dans différentes villes. Les gagnants
reçoivent souvent des prix en argent, mais
il arrive que des tournées soient organisées
simplement pour promouvoir le sport.

LES LÉGENDES DE LA PLANCHE

La planche à roulettes a eu ses pionniers : des planchistes audacieux, assez créatifs et assez courageux pour essayer de nouvelles figures et s'aventurer en terrain inconnu avec leurs planches. Certains de ces athlètes sont encore dans les rangs professionnels. D'autres se contentent maintenant de faire de la planche dans leurs moments de loisirs. Tous ont laissé leur marque en se dépassant sans cesse et en portant leur sport à son extrême limite.

LES Z-BOYS

En 1975, la Zephyr, une entreprise de fabrication de planches de surf et de planches à roulettes, a formé une équipe professionnelle – les Z-boys – qui a révolutionné la planche à roulettes. Ces pros ont contribué aux débuts de la rampe, et leur style acrobatique a par la suite donné naissance au *street.* Cette équipe historique se composait de Stacy Peralta, Peggy Oki et Jay Adams, ainsi que de l'incroyable Tony Alva. Celui-ci a lancé sa propre entreprise de planches à roulettes, Alva Skates, à l'âge de 19 ans. Peralta a fondé pour sa part la Powell-Peralta Skates, la plus grosse entreprise de fabrication de planches des années 1980.

LA BONES BRIGADE

L'équipe professionnelle de la Powell-Peralta, la Bones Brigade, a succédé aux Z-boys dans les années 1980. Elle a surclassé tous ses compétiteurs dans le monde entier et paru dans certains des tout premiers vidéos sur la planche. Elle était constituée de Tony Hawk, Mike McGill, Lance Mountain et Steve Caballero, qu'on voit en haut à gauche. Aujourd'hui dans la quarantaine, Caballero pratique encore la planche. Sa figure préférée, la *Caballaerial,* est une rotation aérienne de 360 degrés en position *fakie.*

Rodney Mullen

Rodney Mullen, dans les années 1980, a changé pour de bon l'idée que les gens se faisaient des figures de style libre. Il effectuait des vrilles, des figures en équilibre et des rotations sur sa planche comme si elle avait été attachée avec une corde. Il a inventé et baptisé une foule de figures que la plupart des planchistes n'osent même pas essayer. C'est lui qui a créé notamment la *darkslide,* une figure toute en douceur qui consiste à faire glisser le dessus du *deck* sur un obstacle.

Contrairement à de nombreux planchistes de sa décennie, Mullen demeure encore aujourd'hui un compétiteur de haut calibre.

Tony Hawk

Tony Hawk, qu'on voit ci-dessus, est le Wayne Gretzky ou le Michael Jordan de la planche à roulettes. Avant même l'adolescence, le jeune Hawk impressionnait les pros par ses talents en rampe. Pendant plus de 20 ans, il a aidé à faire connaître son sport. Il existe même un jeu vidéo qui porte son nom. Mais on se souviendra surtout de lui comme du premier planchiste à réussir un 900 – une rotation de deux tours et demi !

Christian Hosoi

Avec Hawk, Christian Hosoi était une des plus grandes vedettes de la rampe dans les années 1980. Ses planches de forme caractéristique, au bout large et carré, étaient particulièrement populaires à cette époque. Il est reconnu surtout pour sa vitesse exceptionnelle et ses exploits en rampe.

La NOUVELLE GÉNÉRATION

Les planchistes professionnels d'aujourd'hui ont bien des choses à prouver. Des légendes comme Mullen et Hawk font encore des merveilles, mais les étoiles montantes ne se laissent pas intimider pour autant. Ces athlètes cherchent constamment à pousser leur sport encore plus loin que l'ont fait leurs héros. Certains des planchistes vedettes d'aujourd'hui mettent à profit leurs compétences techniques pour raffiner et améliorer des vrilles et des *grinds* complexes. D'autres sont tellement téméraires qu'ils exécutent des manœuvres que personne d'autre n'avait osé faire avant eux. Leurs exploits prouvent qu'il reste encore bien des chapitres à écrire dans l'histoire de la planche à roulettes.

Chad Muska

Personne ne réussit à survoler de longs escaliers ou à dévaler des rails comme ce grand maître du *street.* Chad Muska est presque aussi bien connu pour sa personnalité flamboyante que pour ses talents de planchiste. Il produit de la musique hip-hop et porte des vêtements qui attirent toujours l'attention !

Daewon Song

Certains planchistes recherchent d'abord la puissance, mais ce pro coréen compte plutôt sur sa finesse et son talent pour impressionner. Bien des gens voient en Daewon Song le planchiste le plus accompli sur le plan technique depuis Rodney Mullen. D'ailleurs, ces deux grands s'affrontent dans une vidéo intitulée *Rodney Mullen vs. Daewon Song* !

Bob Burnquist

Tu trouves les figures *switchstance* difficiles ? Si le planchiste brésilien Bob Burnquist a déjà été de cet avis, il ne l'a jamais dit à personne ! Ce spécialiste de la rampe peut même rivaliser avec le grand Tony Hawk. Ses figures *switchstance* sont extraordinaires. Il a été le premier à effectuer la figure qui porte son nom, la *Burntwist*.

Kareem Campbell

Kareem Campbell, né à New York, a commencé sa carrière en rampe. Il vit aujourd'hui à Los Angeles, où il consacre toutes ses énergies au *street*. C'est le type parfait du planchiste extrême : aucune manœuvre n'est trop difficile à ses yeux. Il possède une entreprise de fabrication de planches, Axion Footwear, et un magasin de disques.

Elyssa Steamer

Cette planchiste originaire de la Floride est une des plus grandes athlètes de son sport. Son audace sert d'exemple aux filles, dans un sport souvent considéré comme exclusivement masculin. En fait, Elyssa Steamer est la seule fille qui se retrouve dans le jeu vidéo de Tony Hawk !

LA SÉCURITÉ AVANT TOUT

Dans les années 1960, 1970 et 1980, la planche à roulettes était constamment critiquée par les parents, qui se plaignaient que leurs enfants se blessaient. Si la planche a pu progresser, c'est en bonne partie grâce à l'amélioration de l'équipement de sécurité. Avant de se diriger vers le planchodrome, il faut toujours s'équiper adéquatement. La pièce d'équipement la plus importante, c'est le casque. Personne ne devrait faire de planche à roulettes sans casque. Les planchistes prudents portent aussi des protecteurs aux genoux, aux coudes et aux poignets. De bons protecteurs et un bon casque sont essentiels. Les pros en portent toujours en compétition.

Le casque de planche à roulettes est léger, mais résistant. Il est fait d'une coquille extérieure en plastique, doublée d'une épaisseur de mousse qui protège bien la tête. La mentonnière doit toujours être bien attachée.

Les protecteurs pour les coudes et les genoux sont recouverts d'une coquille de plastique dur qui les rend plus résistants. La plupart s'attachent avec des bandes velcro.

Les gants aident à protéger les doigts des égratignures et des coupures.

Une bonne paire de chaussures spécialisées aide à protéger le planchiste en lui soutenant les chevilles.

DES CHAUSSURES SPÉCIALES

Les chaussures de planche sont très populaires, même chez les gens qui ne sont jamais montés sur une planche ! Elles doivent être légères, avec des semelles de caoutchouc à motifs antidérapants, et offrir un bon soutien pour les chevilles. Les Vans et les Airwalk ont été les premières chaussures de planche à roulettes, mais les compagnies Etnies et DC fabriquent aujourd'hui des modèles tout aussi populaires auprès des planchistes.

On descend !

Les chutes sont inévitables, même pour les planchistes professionnels. Quand un planchiste tombe, il cherche avant tout à se protéger lui-même. Sa planche peut supporter le choc ! La glissade sur les genoux, qu'on voit ici, est une façon simple de se laisser tomber sur une rampe ou dans un bol. Si un *grind* ou une glisse tourne mal, le planchiste n'a généralement qu'à sauter en bas de l'obstacle.

Un peu de respect

La planche à roulettes, c'est une question d'attitude, mais aussi de respect. Dans un planchodrome achalandé, chacun doit attendre son tour. Après quelques tours dans un bol, retourne en haut pour laisser la place aux autres. Tu éviteras ainsi des collisions potentiellement dangereuses. Tu peux aussi regarder les autres planchistes à l'œuvre et essayer d'apprendre de leurs figures… et de leurs erreurs !

Pour se faire respecter en planche à roulettes, il faut respecter les autres.

29

ÇA TE TENTE ?

Il est très inspirant de regarder les pros exécuter des manœuvres apparemment impossibles simplement avec une planche et quatre roues. Si tu as envie de monter sur une planche à ton tour après avoir lu ce livre, tant mieux ! Un des aspects les plus intéressants de la planche à roulettes, c'est qu'il est possible d'en faire à peu près n'importe où et d'apprendre à son propre rythme. Mais n'oublie pas que les figures impressionnantes que tu as vues ici sont réservées aux professionnels. Ce n'est pas pour les débutants ! Un des moyens les plus efficaces – et les plus sûrs – pour t'améliorer sur ta planche, c'est de trouver un instructeur ou un **mentor** qui t'aidera selon tes capacités.

Un peu de lecture

Les magazines consacrés à la planche sont les meilleures ressources pour se renseigner sur ce sport. Des publications nées dans les années 1980, comme *Thrasher* et *Transworld Skateboarding,* sont encore populaires, mais il en existe une foule d'autres aujourd'hui. Toutes contiennent des conseils sur les figures, des entrevues avec des pros et une multitude de photos époustouflantes. Tu trouveras aussi de l'information sur Internet, avec l'aide d'un moteur de recherche ou sur un des sites suivants :

www.techno-science.net/
?onglet=glossaire&definition=890

fr.wikipedia.org/wiki/Planche_%C3%A0_
roulettes

Un bon achat

Si tu veux t'acheter une planche, il vaut mieux magasiner un peu. Il est préférable d'éviter les planches très bon marché, mais tu n'as pas besoin de l'équipement le plus coûteux. Tu n'impressionneras personne avec une planche « super cool » si tu ne sais pas t'en servir ! Un employé d'une bonne boutique spécialisée pourra t'aider à trouver une planche pour débutants, bien adaptée à ton niveau d'habileté.

Les bons endroits

Avec son climat ensoleillé et ses nombreux planchodromes, la Californie est la capitale mondiale de la planche à roulettes. Les grandes villes comme New York ou Montréal sont également fascinantes à explorer pour les planchistes de *street*. On trouve aussi d'excellents planchodromes un peu partout. Il y en a peut-être un tout près de chez toi !

GLOSSAIRE

arête Rebord d'une rampe

bol Surface arrondie creusée dans le sol, dans un planchodrome

culture populaire Musique, mode vestimentaire et films bien connus du grand public

disaster Figure *stall* exécutée en atterrissant sur l'arête d'une rampe

essieu Petite barre de métal autour de laquelle tournent les roues de la planche à roulettes

Jeux X Série de compétitions de sports extrêmes commanditées par ESPN

kicktail Talon relevé à l'arrière de la planche

maniabilité Capacité de manœuvrer une planche efficacement et en douceur

mentor Personne expérimentée qui peut fournir de l'aide ou des conseils

ollie Figure pendant laquelle la planche quitte le sol

planchodrome Parc intérieur ou extérieur où sont aménagés des obstacles sur lesquels les planchistes peuvent s'exercer

rock'n'roll Figure *stall* exécutée en faisant tenir le centre de la planche en équilibre sur le rebord d'une rampe

roulement à billes Partie de la roue qui permet à celle-ci de tourner facilement

serpenter Effectuer des virages, par exemple sur les parois d'un bol

style Façon de pratiquer la planche, par exemple la rampe ou le *street*

tube Rampe géante aux parois incurvées, utilisée pour les figures de rampe

uréthane Plastique résistant utilisé de nos jours pour fabriquer les roues des planches à roulettes

vrille Figure qui consiste à retourner la planche de manière que les roues se retrouvent par-dessus le *deck*

INDEX

bol 10, 14, 15, 29

Bones Brigade 9, 24

chute 18, 29

compétition 9, 22, 23, 28

culture 5, 7, 9, 12

demi-lune 14

figure 4, 5, 8, 9, 10, 11, 15, 16, 17, 18, 19, 20, 21, 22, 24, 25, 27, 29, 30, 31

fun box 14, 15

mini-rampe 14, 15

planchodrome 8, 9, 14, 15, 28, 29, 31

quart de lune 14

rampe 9, 10, 11, 12, 13, 14, 15, 16, 18, 19, 20, 21, 22, 24, 25, 27, 29

sécurité 7, 9, 14, 28

street 10, 11, 12, 13, 14, 15, 16, 18, 20, 21, 22, 24, 26, 27, 31

style libre 11, 13, 25

tube 10, 14, 15

Z-boys 8, 9, 24